Fidelis Steurer
Die schöne Donaustadt Linz
Historischer Reiseführer von 1924

Steurer, Fidelis Die schöne Donaustadt Linz. Historischer Reiseführer von 1924
Hamburg, SEVERUS Verlag 2012
Nachdruck der Originalausgabe von 1924

ISBN: 978-3-86347-314-3
Druck: SEVERUS Verlag, Hamburg, 2012

Der SEVERUS Verlag ist ein Imprint der Diplomica Verlag GmbH.

Bibliografische Information der Deutschen Nationalbibliothek:
Die Deutsche Nationalbibliothek verzeichnet diese Publikation in der Deutschen Nationalbibliografie; detaillierte bibliografische Daten sind im Internet über http://dnb.d-nb.de abrufbar.

© **SEVERUS Verlag**
http://www.severus-verlag.de, Hamburg 2012
Printed in Germany
Alle Rechte vorbehalten.

Der SEVERUS Verlag übernimmt keine juristische Verantwortung oder irgendeine Haftung für evtl. fehlerhafte Angaben und deren Folgen.

seVerus

Die schöne Donaustadt Linz

Worte von Dr. Oskar Oberwalder / Bilder nach Aufnahmen von Ernst Fürböck / Druck von der Wagner'schen Univ.-Buchdruckerei zu Innsbruck

Verlegt bei Fidelis Steurer in Linz a/D.

Mein liebes Linz

Du bist keine steinumstarrte Gruft
Mit giftgeschwängerter Großstadtluft,
Kein Babel wider Gott und Natur,
Kein Schlupfnest verderbter Kreatur;
Du bist ein lieblich ragend Gezelt,
Über dem der Herr sein Füllhorn hält,
Das Schönheit spendet und Gnaden viel
Für den, der sehen und fühlen will;
Für den, der mit liebevollem Sinn
Durch Straßen und Gäßchen wandert dahin,
Dem Erker, Tor und Altvätergerät
Mit versunkener Zeiten Zauber umweht,
Dem heimlich von schnörklichem Kirchenchor
Bruckners Gebete klingen ins Ohr,
Dem Gilms freimütig-edles Lied
Und Stifters Wohlklang zu Herzen zieht,
Und dem erstrahlt im Sternenglanz
Des großen Keplers Ruhmeskranz,
Der aufwärts weiß die Wege zu gehn,
Wo der Berge grüne Fahnen wehn,

Bis ihm zu Füßen stromumblaut
Die Stadt treuinnig aufwärts schaut;
Der Menschen findet, kernhaft und echt,
Nach altem Vätergesetz und -recht,
Die treu und fest ihrem Gott vertrau'n
Und zäh und stark ihre Heimstatt bau'n.
O Linz, mein Linz! Mein Saitenspiel
Wüßt dich zu besingen und preisen noch viel;
Du bist aber selbst ein lieblicher Sang,
Dem ich lauschen will zeitlebenslang,
Der, Glück und verborg'ner Schönheit voll,
Mein letztes Lied noch begnaden soll.

Hans Ernest
(Aus den „Linzer Liedern")

Die Donaustadt Linz

gehört zu jenen Schönheiten, die ihre Reize nicht sofort jedem auf den ersten Anblick hin enthüllen. Sie will gesucht werden und sich finden lassen. Freilich, wer donauabwärts fährt und zum ersten Male in den Kranz grüner Hügel eindringt, die in einem weiten Bogen die Stadt umsäumen, wird gewiß des Hochgefühls froh werden, ein schönes Stück deutscher Erde hier kennen zu lernen. Er merkt auch sofort, wie unter dem Schutze des ehemaligen, noch heute hoch und mächtig über der Stadt thronenden Schlosses diese sich zu seinen Füßen ursprünglich hingelagert und im Laufe der vielen Jahrhunderte immer mehr ausgebreitet hat. Betritt er dann, nur wenige Schritte vom Donauufer entfernt, den großen, in ein strenges Rechteck gespannten Hauptplatz und sieht, wie Geschick und Fleiß vieler Lebensläufte um seine Zier sich bemühten, so überkommt ihn gewiß schon ein freudiges Ahnen, hier nicht bloß eine Gottesgabe der Natur, sondern auch kunstvolles Menschenwerk bewundern zu können. Erzählt es nicht auch jeder Blick in die engen Gassen, die beiderseits des Platzes zwischen den hohen, alten Häusern sich durchzwängen? Sagt es nicht das reichbewegte Fernbild mit seinen vielen Türmen und Kuppeln? Welch' eine eigenartige Sprache sprechen sie. Der Vergangenheit trübe und ernste Tage, in denen ein deutscher Kaiser hier seinen Lebensabend beschloß, haben nicht minder ihre Zeugen in den festgefügten Mauern und winkeligen Erkern hinterlassen, wie die große Zeit des deutschen Geistesaufschwunges, in der Linz zur Landeshauptstadt sich emporrang und seine Daseinsfreude in gemütlichen Rundtürmchen und und luftigen Höfen der nüchternen Nachwelt noch zur Schau stellte. Als aber die prunkvollen Zeiten des form- und farbenfreudigen Barocks anbrachen, haben sie das Stadtbild so nachdrücklich umgeformt und prächtig ausgestattet, daß es heute noch davon seinen größten Reichtum an Schönheit empfängt. Ausgedehnte Klostergründungen und schwungvolle Kirchenbauten wie ein Bewußtwerden höherer Lebensansprüche bei Adel und Bürgertum konnten einer Baulust fröhnen, wie sie unsere Lande nie zuvor gekannt hatten. Was jeder Zweig der Kunst an ihm eigentümlichen Mitteln zur Verfügung stellen konnte, wurde vereint, um jene großartige Wirkung zu erzielen, deren zauberhafte Erscheinungen uns aus allen Straßen

und Winkeln der inneren Stadt entgegenleuchten. Hier eine Denk=
säule, dort ein Torgiebel und in der gekrümmten Straßen langen
Flucht das gewellte Auf und Ab der oft entzückend verzierten
Fensterbekrönungen. Aus Hausnischen oder von den Gesimsen
herab grüßen noch die Verkörperungen mythologischer oder christ=
licher Gestalten vergangener Zeiten und nicht selten hat ein frommer
Sinn sein Heim mit dem Bilde jenes Heiligen geschmückt, unter
dessen Schutz und Schirm er es gestellt wissen wollte. Auch Onkel
Biedermeier in seinem schlichten Kleide blieb nicht fern, nachdem
kurz vorher eine neue Geistigkeit vernunftgemäßer Lebensanschauung
auch hier das Vorbild antiker Größe zu neuem Leben zu erwecken
versucht hatte. Noch einmal glaubte ein mehr romantischer als
militärischer Sinn der Stadt eine neue Schutzwehr verleihen zu
müssen, um die von äußeren Feinden drohende Gefahr für die
Zukunft zu bannen. Seit Jahrzehnten jedoch schon sind nur mehr
Trümmer und Ruinen jener massigen Türme zu sehen, welche diese
Aufgabe erfüllen sollten. Doch entströmt all dem nicht der modrige
Duft einer verdorrten Blüte. Denn überall zwischen durch und
weit über den früher durch Wall und Mauern fest umgürteten
Kern der Stadt hinaus drängt sich das frisch pulsierende Leben
einer neuen Zeit, die wohl auch viel von dem raubte, was einst
der Stadt zur besonderen Zierde gereichte, aber mit dem unbe=
kümmerten Recht der Lebenden jene Wirtschaftsgröße schuf, welche
den unentbehrlichen Keim zukünftiger, von der Natur aus schon
so begünstigter Entwicklung bildet. Was alles auch in mehr ge=
wollter als freischöpferischer Größe zu diesem Zwecke geschaffen
wurde, wird aber weit überragt von dem neuen Wahrzeichen, das
sich hoch über dem Gassengewirre in den Steinquadern des neuen
Mariendomes auftürmt. Der dabei wie auch sonst unablässig be=
tätigte Opfersinn und das starre Beharren in den Überlieferungen
urväterlichen Brauchtums einer Bevölkerung, in deren Adern das
Blut der Stämme des Bayern=, Franken= und Schwabenlandes
seit den frühen Tagen deutscher Geschichte rollt, zeigt ihre Kraft
und ihre Stärke, wenn es gilt, die Heimat zu verwalten und für
die Zukunft zu gestalten.

*

Das Donautal oberhalb Linz

Die schöne Donaustadt Linz

Blick auf Linz mit seinen Türmen

Der neue Dom von der Gugl aus

Die Stadt vom Landhausturm nordwärts

Der Hauptplatz

Das Rathaus mit der Dreifaltigkeitssäule

Am Hauptplatz gegen den alten Dom

Die Landstraße mit ihren Barockkirchen

Die malerische Altstadt

Die alte Pfarrgasse

Blick in die Klostergasse

Zugang zur Altstadt

Das alte Apothekerhaus

Am Hofberg

Bei der Stadtpfarrkirche

Patrizierhäuser am Pfarrplatz

Die Seminarkirche

Museum und Elisabethinenkloster

Auf dem Freinberg

Pöstlingberg

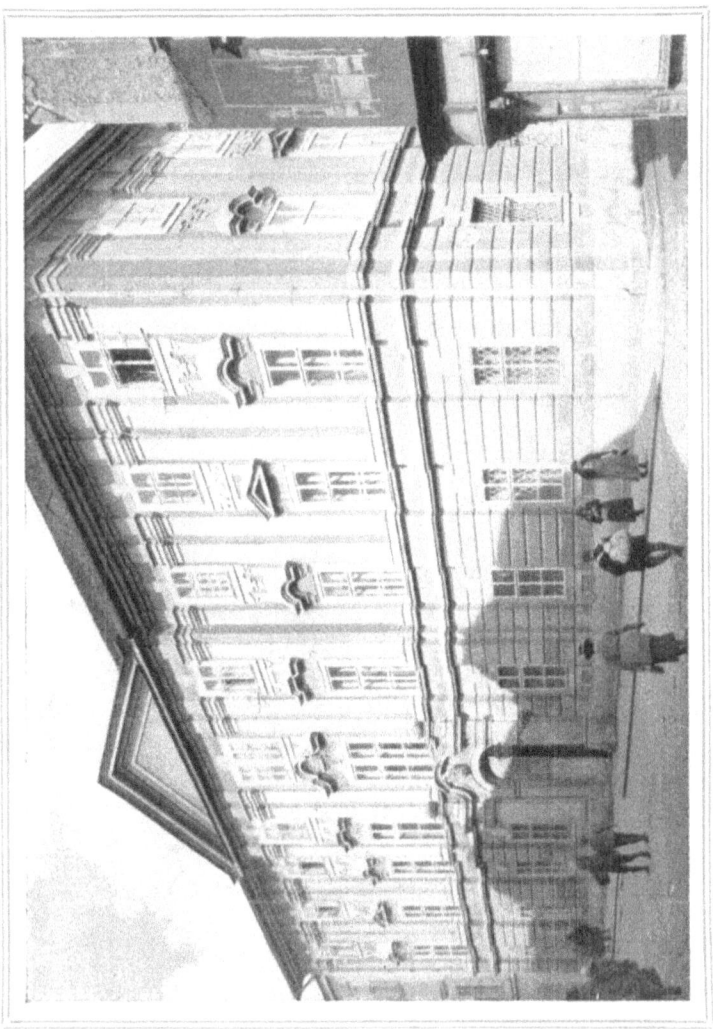

Der Bischofshof

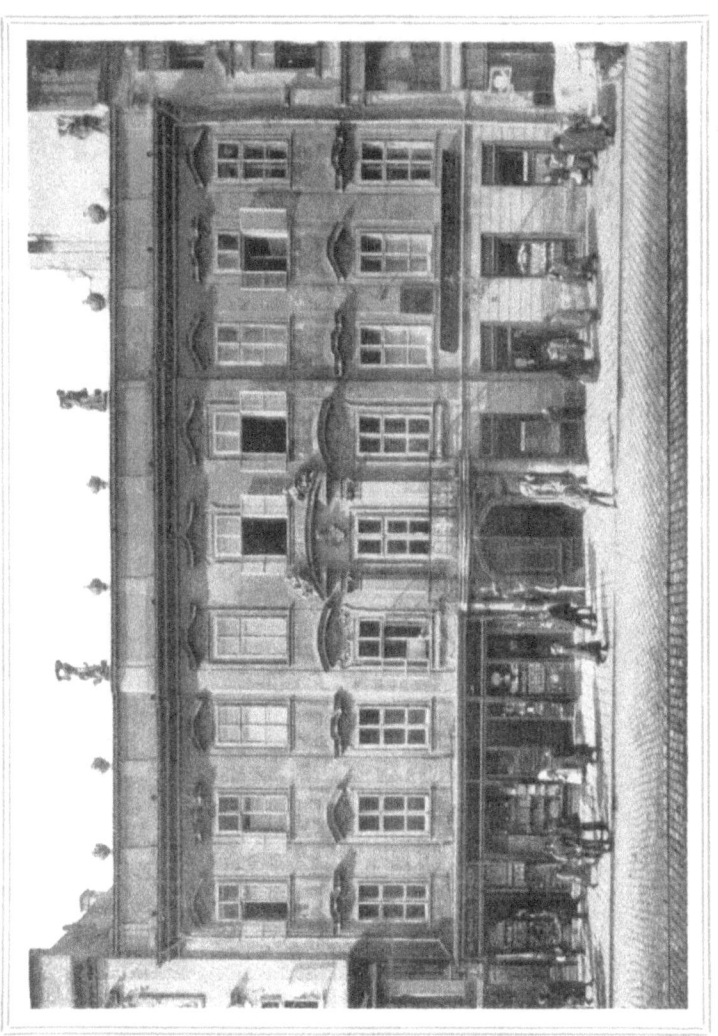

Barockhaus der Grafen v. Weißenwolff

Ein altes Freihaus a. d. Landstraße

Eingang zum Prunnerstift

Das Landhaustor

Säulengang im Landhaus

Hof des Kremsmünstererhauses

Laubengang eines alten Bürgerhauses

Der Neptunbrunnen

Die Johannesstatue von Rafael Donner

Das Stifterdenkmal

Standbild des Volksdichters Stelzhamer

Erläuterungen zu den Bildern

Das Donautal oberhalb Linz.

Unmittelbar vor Linz, der Hauptstadt des Landes Oberösterreich, durchbricht die Donau nochmals das Urgestein des böhmischen Massivs. Links vorne, am rechten Ufer des Stromes, liegt der romantische Bau der durch keinerlei geschichtliche Erinnerungen beschwerten „Rosenburg", die ihr Entstehen erst dem beginnenden 20. Jahrhundert verdankt. Schräg gegenüber der zu einem Wohnhause umgestaltete Turm der Donausperre, welcher im Zuge der Ausgestaltung von Linz zur Lagerfestung unter dem Hoch- und Deutschmeister Erzherzog Maximilian-Este in den Jahren von 1828—1836 mit 31 anderen dieser Art errichtet wurde. Im Hintergrunde die zierliche, aus dem frühen 15. Jahrhundert stammende Andreaskirche von Puchenau.

Die schöne Donaustadt Linz.

Blick vom linken Ufer der Donau aus. Links in Vordergrunde die jetzt zu Linz gehörige, bis 1919 aber selbständige Stadt Urfahr. Rechts auf dem Hügel der Renaissancebau des ehemalig kaiserlichen Schlosses von 1604 (jetzt Kaserne), dessen mittelalterlicher Teil (urkundlich erwähnt schon 799) durch den großen Brand von 1800 zur Ruine wurde. Links davon der ursprünglich gotische, um 1670 barockisierte Turm der Stadtpfarrkirche. Rechts vom Schlosse ragt noch der Barockhelm des Landhausturmes (vollendet 1568) über den abfallenden Römerberg herüber. Im Hintergrund der breite Rücken des Pfenningberges am linken Ufer der Donau.

Blick auf Linz mit seinen Türmen.

Der barocke Grundcharakter der alten Stadt erhält sein weithin sichtbares Gepräge schon durch die vielen Türme mit ihren mannigfach geschwungenen Helmen. Von links nach rechts erscheinen hier der Reihe nach im Bilde: der Turm der Stadtpfarrkirche, das Geschwisterpaar jener der Jesuitenkirche („alter Dom", erbaut 1669/78), im Hintergrunde der erst 1888 in die jetzige Form gebrachte, schlanke Turm des Karmelitenklosters und die doppeltürmige Fassade jenes der Ursulinen (vollendet 1770/12). Zwischendurch sind noch eine Anzahl neuerer Türme und ganz rechts der 134·80 Meter hohe Turm des neuen Domes sichtbar.

Der neue Dom von der Gugl aus.

Die Grundsteinlegung des neuen, in nachgeahmten gotischen Formen als Säulenbasilika mit Querschiff erbauten Maria-Empfängnis-Domes erfolgte am 1. Mai 1862, die Einweihung am 1. Mai 1924; doch ist der Bau noch in allen seinen Teilen vollständig fertiggestellt.

Die Stadt vom Landhausturm nordwärts.

Links schlängelt sich die Römerstraße den Berg hinan. Über sie hinweg öffnet sich der Blick nordwestwärts gegen die Enge des Donautales, das links vom Freinberge mit der Aussichtswarte (erbaut 1888), rechts vom Pöstlingberge überragt wird, dessen Wallfahrtskirche (Baubeginn 1738) ein Wahrzeichen des ganzen Landes darstellt. Im Mittelgrunde Einblick in die Höfe des ehemaligen Schlosses und die Reste seiner Befestigungsanlagen.

Der Hauptplatz.

Der Hauptplatz ist eine der größten und regelmäßigsten unter den ähnlichen Anlagen in deutschen Landen (219 Meter lang, 60 Meter breit). Die ursprüngliche, völlig geschlossene, saalartige Wirkung durch die Umlegung der Tore und eine Reihe von Neubauten empfindlich beeinträchtigt. Die meisten Häuser an seinen Fronten gehören dem 15. und 16. Jahrhundert an, durchwegs jedoch mit barocken oder späteren Fassaden.

Das Rathaus mit der Dreifaltigkeitsfäule.

Das Rathaus mit seinem achteckigen Eckturm, ein ursprünglich gotischer Bau, erhielt seine jetzige Gestalt vermutlich in den Jahren 1658/59. Die Dreifaltigkeitssäule wurde nach einem Modell des am Wiener Hofe lebenden bolognesischen „Theateringenieurs" und Malers Antonio Beducci unter Heranziehung zahlreicher einheimischer und Salzburger Künstler und Handwerker von dem Steinmetzmeister Sebastian Stumpfegger aus Salzburg in den Jahren 1716 bis 1723 aufgeführt. Nebst zahlreichen Engelfiguren und Köpfen sind am dreiseitigen Sockel die Heiligen Sebastian, Florian und Karl Borromäus, an der Säule selbst die unbefleckte Muttergottes und in der Bekrönung die hl. Dreifaltigkeit dargestellt. Letztere nach einem Modelle des Linzer Bildhauers Leopold Mähl in Kupfer getrieben und vergoldet, die anderen wie der ganze Wolkenaufbau der Säule und ihr Sockel aus Salzburger Marmor.

Am Hauptplatz gegen den alten Dom.

Ein treffliches Beispiel der Bedeutung gleicher Stockwerk- und Gesimshöhen für die Wirkung eines Stadtbildes. Dadurch erhalten die Monumentalbauten erst das entsprechende Relief. Hier lenkt der in einer engen Gasse hinter der Südostecke des Platzes gelegene „alte Dom", so benannt, weil die Kirche von 1785 bis 1909 als bischöfliche Kathedrale diente, den Blick von den älteren Teilen der Stadt auf die später gestalteten hinüber.

Die Landstraße mit ihren Barock-Kirchen.

Die noch in der ersten Hälfte des 19. Jahrhunderts zu den Vorstadtteilen gezählte Landstraße, die heutige Hauptverkehrsader der Stadt, erhielt im 18. Jahrhundert ihre jetzige monumentale Ausgestaltung. Der Grundstein der von einem Mitgliede des Ordens erbauten Karmelitenkirche, deren wuchtige, turmlose Fassade im Vordergrunde aufragt, wurde zwar noch im 17. Jahrhundert gelegt, doch verzögerte sich die Vollendung des Baues bis 1710 (die der Innenausstattung sogar bis 1726). Die unmittelbar hinter dem dazugehörigen Kloster folgende Ursulinenkirche, deren Doppeltürme als die schönsten von Linz zu bezeichnen sind, wurde in den Jahren 1732/40 von dem Linzer Baumeister Mathäus Krinner erbaut, die Türme aber erst 1770/72 vollendet. Aus dem Hintergrunde lugen nochmals die Kuppeln des alten Domes hervor.

Die malerische Altstadt.

Nur wenige Straßen des heutigen Linz weisen noch einen „altertümlichen" Charakter auf. Nirgends eindringlicher wie in der „Altstadt". Die runden Erker und die rechtwinkelig vorspringenden Ausbuchtungen der Häuser bis zur Dachkante hinauf wie nicht minder die gesprengten Giebel oder die gewellten Fensterbekrönungen aus der Renaissance- und Barockzeit geben ihr das eigenartige Gepräge. Das Kremsmünster Stiftshaus mit den beiden Zwiebeltürmen wurde an der Stelle jenes erbaut, in dem Kaiser Friedrich III. 1493 starb.

Die alte Pfarrgasse.

Ein altes Straßenbild, das trotz des Mangels an „Monumentalgebäuden" durch die Ausgeglichenheit von Ruhe in den großen Baukörpern und Bewegung in den Einzelformen, welche meist um Jahrhunderte jünger sind als die Bauten selbst, in jedem Bodenständigen ein lebendiges Heimatgefühl wachzurufen vermag und den Fremden anheimelt.

Blick in die Klostergasse.

Vom Hauptplatz her führt die Klostergasse zur „Altstadt". Noch grüßt ein Turm des alten Domes herüber. An der langgestreckten Front des ehemaligen Minoritenklosters und seiner Kirche mit ihrer nach oben immer mehr aufgelösten Gliederung und dem bescheidenen Turm vorbei (erbaut 1752/55, wahrscheinlich nach den Plänen des Linzer Baumeisters Mathäus Krinner;

das Kloster bereits aus der 1. Hälfte des 18. Jahrhunderts, jetzt Landesregierung und Landhauskirche) öffnet sich der Blick auf einen kleinen Platz, dessen Wände die leichten Fassaden spätbarocker Kunstfertigkeit bilden.

Zugang zur Altstadt.

Das obere Ende der Klosterstraße zwischen dem Landhaus und dem großen Empirehaus aus den ersten Jahren des 19. Jahrhunderts führt geradewegs zum „Landschaftlichen Theater" auf der Promenade und gestattet dem Rückschauenden nochmals einen Ausblick auf das malerische „Minoritenplatzl" am Ausgange der Altstadt.

Das alte Apothekerhaus.

Etwas abfallend gegen die Donau findet die Altstadt ihre Fortsetzung in dem Hofberg. Seine linke Ecke bildet das behagliche Apothekerhaus, das schon am Ende des 16. Jahrhunderts urkundlich erwähnt wird, im Jahre 1677 ein drittes Stockwerk bekam und mit seinen zierlichen Schmuckformen aus spätbarocker Zeit die innige Verbindung von Renaissance und Barock im Stadtbilde von Linz deutlich erweist.

Am Hofberg.

Wo die Altstadt und der Hofberg die zum ehemaligen kaiserlichen Schlosse hinansteigende Hofgasse kreuzt, weitet sich ein kleiner, unregelmäßiger Platz, dessen bildhafte Erscheinung durch drei Erker bestimmt wird. Der vielseitige zur linken Hand weist durch die Wappenträger deutlich auf seine mit dem Landhause gleichzeitige Entstehung um 1570 hin, während der gegenüberliegende des alten Apothekerhauses in der Barockzeit (Mitte 18. Jahrhunderts) eine Umgestaltung erfuhr. Ähnlich ist auch der dritte Erker gebildet.

Bei der Stadtpfarrkirche.

An dem säulen- und statuengeschmückten Portal der Stadtpfarrkirche aus dem Ende des 17. Jahrhunderts vorbei begegnet

unserem Blick der massive Eckturm des ehemaligen Mondseer
Stiftshauses, dessen abgeschrägte Ecke seit 1868 mit einem Ma=
donnenrelief von Karl Sterrer geschmückt ist. Seit jüngster Zeit
verbindet ein Schwibbogen dieses aus dem frühen 17. Jahr=
hundert stammende und später ausgestattete Gebäude mit dem
gegenüberliegenden der Post= und Telegraphendirektion.

Patrizierhäuser am Pfarrplatz.

Einen nahezu unverfälschten Renaissanceeindruck vermitteln uns
noch die beiden stattlichen Häuser am Pfarrplatz, von denen das
eine mit dem von Konsolen getragenen Breiterker noch das Fort=
leben der Gotik zeigt, während das daneben stehende Gebäude
durch die Formung seines Eckerkers, des Gesimses und der Attika
die unmittelbar folgende Zeitepoche charakterisiert.

Die Seminarkirche.

Unter den zahlreichen und guten kirchlichen Barockbauten von
Linz stellt die ehemalige Kirche des deutschen Ritterordens (jetzt
bischöfliche Seminarkirche in der Harrachstraße) das größte Juwel
dar. Hat doch kein geringerer als Lukas v. Hildebrand die Pläne
für den in den Jahren 1717 bis 1725 von dem noch lange nicht
nach Gebühr geschätzten Linzer Baumeister Johann Michael
Pruner aufgeführten Bau entworfen und den plastischen Schmuck
dafür der größte deutsche Bildhauer der Barockzeit, Rafael
Donner, geschaffen.

Museum und Elisabethinenkloster.

Neu= und Alt=Linz im Bilde vereint. Das Elisabethinenkloster
mit seiner eintürmigen Kuppelkirche bildet bereits den Ausgang
des Linzer Barocks. Das Kloster wurde 1746/49 von Mathäus
Krinner, die Kirche 1762/68 von dem Wiener Baumeister Orientl
erbaut. Das Landesmuseum ist ein Werk des Düsseldorfer Archi=
tekten Bruno Schmitz von 1886/92; der Kolossalfries daran mit
Darstellungen aus der Landesgeschichte von Oberösterreich stammt
von dem Professor Melchior zur Straßen in Leipzig.

Auf dem Freinberg.

Ein romantisches Bauwerk seltener Art. Der Rundbau des Jesuitenklosters war ursprünglich der 1828 errichtete Probeturm der Befestigungsanlage von Linz, der jedoch bereits 1833 zu einem Wohngebäude umgestaltet und vier Jahre später dem Jesuitenorden übergeben wurde. Ein Jahr vorher war bereits das ebenfalls in frühen neugotischen Formen schöpferisch gestaltete Maximilianskirchlein erbaut worden.

Pöstlingberg.

Der am Nordufer der Donau aufragende Pöstlingberg beherrscht mit seiner zweitürmigen Wallfahrtskirche (erbaut von 1738 an) das Landschaftsbild von Linz. Daher wird er nicht bloß von vielen Wallfahrern, sondern auch von großen Ausflüglermassen aufgesucht, die das Fernbild der nördlichen Alpenkette genießen wollen.

Der Bischofshof.

Die Gesamtgestaltung wie die Einzelformen des straff gegliederten, zwischen 1721 und 1726 entstandenen Baues lassen die Urheberschaft des berühmten Barockarchitekten Jakob Prandauer als wahrscheinlich gelten.

Barockhaus der Grafen v. Weißenwolff.

An der Landstraße, erbaut 1715. Der plastische Schmuck wird wohl mit Recht dem im Stifte St. Florian viel beschäftigten Bildhauer Leonhard Sattler zugeschrieben.

Ein altes Freihaus an der Landstraße.

Das von städtischen Lasten und Abgaben befreite Haus (daher der Name Freihaus), das durch seinen runden Mittelbau auffällt, dürfte um 1730 vermutlich von dem Linzer Baumeister Michael Pruner erbaut worden sein.

Eingang zum Prunerstift.

Das Prunerstift, benannt nach seinem Gründer, dem Linzer Bürgermeister Johann Adam Pruner, war ursprünglich ein Versorgungshaus für je 27 verarmte Bürger und Bürgerinnen wie ebensoviele Waisen der Stadt. Die auch mit einer reizenden Kirche ausgestattete Anstalt wurde im Jahre 1727 vollendet.

Das Landhaustor.

Trotz seiner italienischen Frührenaissanceformen erhielt diese aus rotem Marmor hergestellte Torumrahmung erst um 1577 seine Gestaltung. Als Künstler wird der Venetianer Kaspar Toretto vermutet.

Säulengang im Landhaus.

Der dreigeschossige Hof des von 1564 bis 1571 erbauten Land=haufes, dem Sitz der obersten Landesverwaltung, mit seinen massiven Pfeilern im Erdgeschoß und den toskanischen Säulen in den oberen Stockwerken ist der monumentalste all der vielen Laubenhöfe von Linz wie des ganzen Landes. Er dürfte auch auf sie richtunggebend eingewirkt haben.

Hof des Kremsmünsterhauses.

Landstraße Nr. 30, um 1600 entstanden. Es fanden hier durchwegs nur mehr Säulen Verwendung und die Brüstung des obersten Geschosses ist bereits in eine Ballustrade aufgelöst. Der Kapellenanbau erst aus dem beginnenden 18. Jahrhundert.

Laubengang eines alten Bürgerhauses.

Linz besitzt mehr als 20 ähnlicher Höfe. Dieser im Hause Nr. 9 des Hauptplatzes dürfte noch am Ende des 16. Jahr=hunderts erbaut worden sein.

Der Neptunbrunnen.

Der jetzt auf dem Pestalozziplatz stehende Brunnen zierte mit einem zweiten ursprünglich den Hauptplatz und dürfte aus der Zeit um 1685 stammen. Die Neptunfigur wurde bei der Neuaufstellung im Jahre 1894 erneuert.

Die Johannesstatue von Rafael Donner.

Der ganze Nischenaufbau mit der Figur stand ursprünglich neben der Seminarkirche in der Harrachstraße. Die Urheberschaft Rafael Donners ist urkundlich beglaubigt (1725).

Das Stifterdenkmal.

Das Denkmal des in Linz verstorbenen Dichters ist ein Werk des Wiener Bildhauers Hans Rathausky und wurde 1905 auf der Promenade errichtet. Die Figur ist aus Bronze.

Standbild des Volksdichters Stelzhamer.

Die in Bronze gegossene Gestalt des größten oberösterreichischen Mundartdichters Franz Stelzhamer (1802—1874) wurde von dem deutschböhmischen Bildhauer Franz Metzner geformt und im Jahre 1908 im Volksgarten aufgestellt.

www.ingramcontent.com/pod-product-compliance
Lightning Source LLC
Chambersburg PA
CBHW032150010526
44111CB00035B/1475